*3 décembre 1872*

**Vente du Mardi 3 Décembre 1872**

SALLE N° 8

COLLECTION DE M. J. T...

BELLES

# MATIÈRES PRÉCIEUSES

## Beaux Meubles en Mosaïque

### TABATIÈRES, OBJETS VARIÉS

EXPOSITIONS :

| PARTICULIÈRE | PUBLIQUE |
|---|---|
| *Le Dimanche 1er Décembre 1872* | *Le Lundi 2 Décembre 1872* |

| Mᵉ CHARLES PILLET | M. CHARLES MANNHEIM, |
|---|---|
| COMMISSAIRE-PRISEUR | EXPERT |
| 10, rue de la Grange-Batelière. | 7, rue Saint-Georges. |

# CATALOGUE

DE TRÈS-BELLES

# MATIÈRES PRÉCIEUSES

**TELLES QUE :**

*Beaux Coffres, grandes Coupes, Plateaux, etc., en cristal de roche,
en jade, en agate, en cornaline, en jaspe, etc.,*

## ÉMAUX ET TABATIÈRES

Jolie Peinture sur lapis-lazuli; Mosaïques de Rome et de Florence;
Sculptures en ivoire; Porcelaines;

# TRÈS-BEAU MEUBLE-CABINET

En mosaïque de Florence, supporté par six colonnes en lapis-lazuli

**Meubles en mosaïques plates et en relief; beaux Coffres, etc.,**

VASES EN PORPHYRE ET EN ALBATRE ORIENTALE

**Objets variés**

**COMPOSANT LA COLLECTION DE M. J. T**

ET DONT LA VENTE AURA LIEU

## HOTEL DROUOT, SALLE N° 8

## Le Mardi 3 Décembre 1872

A DEUX HEURES

Par le ministère de **M<sup>e</sup> CHARLES PILLET**, Commissaire-Priseur,
10, rue de la Grange-Batelière,

Assisté de M. **CHARLES MANNHEIM**, Expert,
7, rue St-Georges.

*Chez lesquels se trouve le présent Catalogue.*

## EXPOSITIONS

| PARTICULIÈRE | PUBLIQUE |
|---|---|
| *Le Dimanche 1<sup>er</sup> Décembre 1872* | *Le Lundi 2 Décembre 1872* |

DE UNE HEURE ET DEMIE A CINQ HEURES ET DEMIE.

## CONDITIONS DE LA VENTE

Elle sera faite au comptant.

Les adjudicataires payeront *cinq pour cent* en sus des enchères.

L'exposition mettant le public à même de se rendre compte de l'état des objets, il ne sera admis aucune réclamation une fois l'adjudication prononcée.

Paris. — Typ. PILLET fils aîné, rue des Grands-Augustins, 5

# DÉSIGNATION DES OBJETS

## MEUBLES

1 — Grand et magnifique meuble de forme monumentale en bois d'ébène et mosaïques de Florence plates et en relief, exécutées en jaspes et agates de diverses nuances.

Le corps supérieur offre trois tiroirs ornés de colonnettes torses en cristal de roche et séparés par des colonnes en jaspe vert. A droite et à gauche sont deux portes garnies de mosaïques plates représentant des oiseaux et des branches de fleurs. A l'intérieur se trouvent des tiroirs ornés de mosaïques en pierres de Florence. Le haut du meuble, de forme cintrée et découpée, est enrichi à son centre d'un bouquet de fleurs, et des deux côtés, de deux cornes d'abondance exécutées en bronze doré et jaspes de diverses nuances.

Ce meuble remarquable est garni de figurines et d'ornements en bronze ciselé et doré, et il est incrusté de quantité de plaques de belles matières, telles que : lapis, cornaline, jaspes de diverses nuances et agate.

Il repose sur une table en bois noir supportée par six colonnes en lapis-lazuli avec chapiteaux en bronze doré.

Le fond du support est orné à son centre d'une mosaïque à oiseau et branches de fruits sur fond noir, et de deux médaillons en albâtre oriental, encadrés de moulures en bronze doré.

Ce meuble se recommande par l'élégance de sa forme, par ses proportions bien ordonnées, et par la beauté des matières qui le composent.

Haut.. 2 mètres 16 cent.; larg., 1 mètre 40 cent.

2-3 — Deux beaux meubles à hauteur d'appui, et à angles coupés, en bois d'ébène, couverts de riches incrustations en mosaïques exécutées en jaspes et agates de diverses nuances, de lapis-lazuli et d'ivoire, et garnis de bronzes ciselés et dorés. Dessus en brocatelle d'Espagne.

Larg., 95 cent.

4 — Beau coffre de forme rectangulaire en bois d'ébène, avec garniture en bronze doré, et enrichi de cinq belles mosaïques en relief, représentant des branches de fruits exécutées en matières dures de très-belle qualité, telles que : jaspes et agates de diverses nuances, lapis, améthystes, etc.

Haut , 23 cent.; larg., 45 cent.

5 — Coffre analogue à celui qui précède. Les branchages et les feuilles des mosaïques de celui-ci sont en serpentine.

Haut., 23 cent.; larg., 45 cent.

6 — Charmant petit meuble chinois fermant à deux portes, en bois de fer, incrusté d'attributs et d'ornements exécutés

en jades de diverses nuances, en nacre, en ivoire, etc., et
gravés en relief. Beau travail ancien.

Haut., 30 cent.; larg., 37 cent.

7 — Jolie table en marqueterie de bois, à fleurs, figures et
ornements. Époque Louis XVI.

Haut., 1 mèt.; larg , 60 cent.

8 — Petite table italienne en bois noir, enrichie de fines
incrustations d'ivoire. Elle est montée sur des pieds
carrés reliés par un entre-jambe à **X**.

larg., 64 cent.

9 — Guéridon à trépied de style Louis XVI en bronze doré,
avec dessus et entre-jambes en malachite.

Diam., 62 cent.

10 — Belle pendule en marbre blanc, enrichie de mosaïques
en relief, branches de fruits exécutées en jaspes de diverses nuances. Elle est surmontée d'un groupe de deux
satyres et garnie d'ornements en bronze doré d'après
Clodion. Le cadran est en mosaïque plate.

Haut., 59 cent.

11 — Coffret oblong à angles coupés en marbre noir à moulures et mosaïques en relief, groupes de fruits exécutés en
jaspes de diverses nuances.

12 — Deux jolies socles ou piédestaux en lapis-lazuli, garnis
d'ornements en bronze ciselé et doré.

# MATIÈRES PRÉCIEUSES

**13** — Cristal de roche. — Charmant coffret de forme rectangulaire, à couvercle en toit, composé de douzes plaques de cristal de roche décorées de fines gravures représentant des arabesques et des animaux fantastiques, dans le style du XVIᵉ siècle. La monture en bois noir est décorée de dessins très-fins en or, et le couvercle est enrichi de plaques de lapis et de grenats.

Haut., 32 cent.; larg., 32 cent.

**14** — Cristal de roche. — Grande et très-belle coupe ovale à huit lobes, évidée d'épaisseur et à deux anses à enroulements prises dans la masse. Le pied et le balustre sont reliés à la coupe à l'aide d'une monture émaillée blanc, décorée d'ornements noirs, relevée de rubis et de perles.

Haut., 16 cent.: long., 28 cent.; larg., 18 cent.

**15** — Cristal de roche. — Jolie petite coupe ovale à huit lobes, évidée d'épaisseur et décorée de feuillages et rinceaux finement gravés. Chacune de ses deux faces principales offre un mascaron gravé en relief en guise de camée.

Haut., 4 cent.; long., 14; larg., 9 cent.

**16** — Cristal de roche. — Grand et beau coffre carré en cuivre gravé et doré, enrichi d'un grand nombre de plaques et de coquilles en cristal de roche, gravées à ornements. Le dessus est formé de six grandes fleurs de lis. Cette pièce, qui date de la fin du xvi° siècle, se compose de cent quatre morceaux de cristal de roche de diverses formes et dimensions.

Haut.. 45 cent.; larg , 57 cent.

17 — Cristal de roche. — Plat ovale en cuivre repoussé et doré, garni de plaques de diverses formes en cristal de roche.

Long., 46 cent.; larg., 40 cent.

18-19 — Jaspe fleuri de Sicile. — Deux plats analogues à celui qui précède, mais garnis de jaspe fleuri.

Long., 46 cent.; larg., 40 cent.

20 — Cristal de roche. — Coupe oblongue à lobes, gravée à fleurs et montée sur pied à balustre. Époque Louis XIII.

Haut., 12 cent.; larg., 17 cent.

21 — Cristal de roche. — Coupe de forme oblongue à huit lobes, évidée d'épaisseur et gravée à fleurs et oiseaux. xvi° siècle.

Haut., 5 cent.; larg., 14 cent.

22 — Cristal de roche. — Six jolies coupes évidées d'épaisseur, avec plateaux à pans, montés sur trépieds en argent ciselé et doré.

22 *bis*. — Cristal de roche. — Joli lustre à douze lumières, en bronze, richement garni de cristaux de roche. Plaquettes, pièces d'enfilages, poires et boule.

23 — Cristal de roche. — Deux petits flambeaux à tiges unie et pieds cannelés garnis d'une moulure en cuivre doré.

Haut., 19 cent.

24 — Cristal de roche. — Deux autres flambeaux composés
de pièces d'enfilage à pans et montés sur pieds en
argent repoussé et ciselé.

Haut., 24 cent.

25 — Cristal de roche. — Croix portant la figure du Christ
finement gravée en creux. Le pied rond cannelé est évidé
et la monture est en argent doré, xvi<sup>e</sup> siècle.

Haut., 40 cent.

26 — Cristal de roche. — Médaillon ovale entouré d'ornements découpés et offrant une figure gravée en creux.

27 — Cristal de roche. — Grande et belle fleur de lis, montée
en argent doré, turquoises et perles.

28 — Jade vert. — Beau plateau rond incrusté d'arabesques
d'or et de rubis. Travail de l'Inde.

Diam., 21 cent.

29 — Jade vert. — Petit vase sur piédouche en deux parties
reliées par une monture d'argent doré émaillé, avec
double rang de pierreries. La partie supérieure est gravée
à fleurs. Travail de l'Inde.

30 — Cornaline. — Deux grandes et belles coupes rondes
évidées d'épaisseur et montées sur trépieds Louis XVI
en bronze ciselé et doré au mat, ornés de têtes de satyres.
Le pied et l'entre-deux sont en cornaline.

Haut., 21 cent.; diam., 20 cent.

31 — Agate baignée du Brésil. — Deux grandes coupes ovales, montées sur des pieds de même style que celles qui précèdent.

Haut., 19 cent.; larg., 20 cent.

32 — Lapis-lazuli. — Petite coupe ovale montée sur pied à balustre godronné et garnie de deux anses à dragons en argent ciselé et doré.

Haut., 13 cent.; larg., 13 cent.

33 — Manganèse rose de Russie. — Deux petites coupes ovales sur piédouches et socles carrés.

Haut., 12 cent.; larg., 9 cent.

34 — Résinite. — Deux petites colonnes avec embases et chapiteaux en bronze doré et socles carrés garnis de plaques de résinite.

Haut., 37 cent.

35 — Agate d'Allemagne. — Deux petits flambeaux sur pieds à huit pans.

Haut., 16 cent.

36 — Ambre jaune. — Jolie petite coupe à couvercle, garnie d'une monture en argent doré et turquoises.

Haut., 12 cent.

37 — Cristal de roche. — Petit vase forme balustre aplati à deux anses têtes d'oiseaux et couvercle composé d'un dragon découpé à jour. Monture en or et pierreries.

Haut. : 14 cent.

38 — **Jade gris.** — Vase forme balustre aplati à panse taillée à côtes et à deux anses découpées à jour.

Haut., 21 cent.

39 — **Agate blonde.** — Coupe ovale montée sur pied à balustre et montée en argent doré. Epoque Louis XIII.

Haut., 14 cent. ; larg., 15 cent.

40 — **Jade blanc verdâtre.** — Groupe d'un canard et de fleurs pris dans le bloc. Travail chinois, sur socle en bois sculpté.

Larg., 16 cent.

41 — **Porphyre rouge oriental.** — Deux vases de forme ovoïde à gorge, piédouche et couvercle, garnis d'une monture en bronze doré.

Haut., 30 cent.

42 — **Lapis-lazuli.** — Plaque ovale montée dans un cadre en filigrane d'argent.

43 — **Porphyre rouge oriental.** — Deux petites coupes rondes, montées sur piédouches.

Diam., 13 cent.

44 — **Malachite.** — Deux vases piriformes renversés, à couvercles, garnis d'une monture de bronze doré à pied carré, anses et galerie découpée à jour.

Haut., 39 cent.

45 — Albâtre oriental. — Deux vases de forme ovoïde à gorge et à panse à cannelures en spirale. Ils sont garnis d'une monture à anses dragons en bronze doré.

Haut., 45 cent.

46 — Jaspe jaune de Sicile. — Deux vases à couvercles montés en guise de cassolettes en bronze ciselé et doré au mat.

Haut., 24 cent.

47 — Porphyre de Suède. — Deux petits vases de forme ovoïde allongée, montés à anses à cariatides d'amours en bronze doré au mat.

Haut., 25 cent.

48 — Marbre vert antique. — Colonnette, sur pied de même matière, à ressauts, sur lesquels reposent trois sphinx couchés, qui sont exécutés comme le chapiteau corinthien de la colonne, en marbre jaune antique.

Haut., 59 cent.

49 — Porphyre rouge oriental. — Obélisque posé sur un socle de même matière orné d'un camée, lion passant.

Haut., 74 cent.

50 — Malachite. — Petite coupe ronde sur balustre en bronze doré et pied carré en malachite.

Haut. : 12 cent.

51 — Malachite. — Deux petites colonnes sur socles carrés.

Haut., 29 cent.

52 — Marbre des Pyrénées. — Deux grands vases à culots cannelés et garnis d'anses mufles de lion en bronze doré.

Haut., 85 cent.

## ÉMAUX ET TABATIÈRES

53 — Très-beau portrait ovale de Pierre le Grand, peint sur émail, par Weyler. Il est monté dans un cadre riche en bronze ciselé et doré au mat.

Haut. sans cadre, 20 cent.; larg., 16 cent.

54 — Beau portrait peint sur émail et sur or de forme ronde. Personnage en riche costume de l'époque de Louis XIV. Peinture attribuée à Bordier. Dans un cadre rond à réverbère en or.

55 — Boîte rectangulaire en jaspe sanguin, montée à cage en or gravé et bec orné de diamants et d'un rubis. Époque Louis XV.

56 — Autre jolie boîte en jaspe sanguin taillé à cuvette et montée à gorge à charnière en or gravé avec bec orné de diamants, de rubis et d'un saphir. Même époque.

57 — Boîte rectangulaire en agate orientale montée à cage
en or guillochée. Le bec est orné de diamants et de rubis.
Époque Louis XV.

58 — Petite boîte ovale du temps de Louis XVI en or ciselé
et pourtour émaillé gros bleu. Le dessus et le fond sont
ornés de jolies miniatures sur vélin attribuées à De
Lioux de Savignac, représentant des paysages avec
figures.

59 — Boîte oblongue à angles coupés en or guilloché et
ciselé du temps de Louis XVI. Une peinture sur émail
représentant un paysage a été rapportée sur le couvercle.

60 — Petite boîte ronde en or et filigrane d'or. Sur le couvercle est une petite montre avec dessus en or émaillé
rouge. Époque Louis XVI.

61 — Jolie boîte en caillou d'Égypte, richement garnie d'ornements rocaille et de figures en or repoussé ; le bec est
orné de diamants et de rubis. Époque Louis XV.

62 — Boîte carrée en ancienne porcelaine de Saxe décorée en
camaïeu rouge. Monture en argent doré.

63 — Boîte ronde en écaille, galonnée d'argent doré et ornée
de trois miniatures sur ivoire, portraits de femmes. Époque Louis XVI.

64 — Boîte ovale en écaille doublée en or ; le dessus et le
dessous, ornés de mosaïques de Florence représentant des
coquillages. Époque Louis XVI.

65 — Tabatière carrée en écaille blonde, piquée et posée
d'or. Époque Louis XIV.

66 — Boîte oblongue à pans coupés, en lapis-lazuli, montée
à cage en or. Le dessus est orné d'une belle intaille sur
sardonyx orientale : bacchanale.

67 — Boîte ovale en or émaillé de couleurs variées ; sur le
couvercle est posé un chiffre turc exécuté en roses de
Hollande (environ cent quatre-vingt-cinq) et appliqué sur
fond d'émail violet.

68 — Boîte ronde en écaille ornée d'une miniature ; portrait
de femme par M^{lle} Charrin, d'après Petitot.

69 — Porte-tablettes en poudre d'écaille verte étoilée d'or,
orné d'un médaillon et d'un chiffre et garni en or ciselé.
Époque Louis XVI.

70 — Boîte de forme octogone en cristal de roche taillée à cuvette et montée à gorge à charnières en argent doré.

71 — Jolie petite boîte ronde en ancienne porcelaine de Sè-
vres, décorée de fleurs au pourtour et d'un portrait de
femme sur le couvercle. Monture en or.

## OBJETS VARIÉS

72 — Jolie peinture sur plaque ovale en lapis-lazuli : l'An-
nonciation. Elle est montée dans un cadre rectangulaire

en bois d'ébène à moulures guillochées et à comparti-
ments remplis par des plaques d'agate, de lapis et de
jaspe. Travail du XVIe siècle.

Haut., 26 cent.; larg., 37 cent.

73 — Belle mosaïque de Florence en relief. La Vierge à la
Chaise d'après Raphaël, exécutée en jaspes et agates de
diverses nuances et appliquée sur fond de lapis. Le
groupe repose sur des nuages en argent repoussé enrichis
de têtes de chérubins exécutées en mosaïque en relief.
Cadre en bois d'ébène et lapis avec ruban de bronze
doré.

Haut., 35 cent.; larg., 28 cent.

74 — Mosaïque de Rome. — Tête de Vierge d'après Schia-
vone. Travail très-fin. Cadre à moulures en bois noir.

Haut., 24 cent.; larg., 22 cent.

75 — Cippe en ivoire sculpté, à figures d'enfants en relief,
garni d'une monture à couvercle en vermeil.

76 — Médaillon ovale, en pierre lithographique sculptée, à
figures en relief et représentant une offrande à l'Hymen.
Dans un cadre rectangulaire en bois noir avec comparti-
ments en mosaïque et jaspes et agates de diverses
nuances.

Haut., 47 cent.; larg., 57 cent.

77 — Saint ciboire en ivoire sculpté, à bustes de saints per-
sonnages et emblèmes divers.

Haut. totale, 20 cent.

78 — Deux petits bustes d'empereurs romains; l'un d'eux a
la tête en cristal de roche et l'autre en agate; les chla-
mydes sont en bronze doré. Socles en marbre avec moulures en bronze doré et contre-socle en granit rose.

Haut. totale, 27 cent.

79 — Beau bas-relief en marbre blanc. Diane, dite de Fontai-
nebleau, attribuée à Jean Goujon.

Haut., 28 cent.; larg., 42 cent.

80 — Joli bas-relief en terre cuite, par CLODION. — Satyre et
nymphes.

Haut., 21 cent.; larg., 30 cent.

81 — Figure de Vierge debout, en ivoire sculpté.

Haut., 36 cent.

82 — Jolie boîte à thé en écaille de l'Inde incrustée d'argent,
à sujets chinois finement gravés. Époque Louis XIV.

Haut., 10 cent.

83 — Mortier et pilon en ivoire sculpté, à fleurs et ornements.
Travail indien.

Haut., 15 cent.

84 — Deux petits vases, forme Médicis à couvercle, en argent
ciselé, montés sur des socles carrés en lapis avec embase et
pieds de lion en argent ciselé.

Haut., 24 cent.

85 — Plaque rectangulaire exécutée partie en ambre gravée,
et partie en ivoire sculpté en bas-relief. Au centre,
Actéon changé en cerf; aux angles les Quatre Saisons.
xvi<sup>e</sup> siècle.

86 — Diverses petites pièces en marbre tendre finement
sculpté du xvi<sup>e</sup> siècle, appliquées sur fond de marbre
noir : Petit buste en haut-relief, deux petites cariatides
supportant une moulure et figurine d'homme debout.

87 — Manche de couteau en ivoire sculpté à sujets de chasse.

88 — Râpe à tabac en ivoire sculpté à figure et ornements.
L'Avarice.

89 — Figurine de saint évêque debout en ivoire sculpté.

90 — Boîte ou drageoir en ivoire; le dessus offre un buste
d'homme en relief représentant un personnage de l'époque Louis XIV.

91 — Petit bas-relief en ivoire. — Le frappement du rocher.

92 — Deux têtes de chérubins en bois de chêne sculpté, gran-
deur nature.

93 — Baiser de paix en émail de Limoges; peinture en gri-
saille sur fond noir attribuée à Pierre Raymond et représentant le Portement de croix.

94 — Deux mosaïques plates de Florence, représentant des oiseaux et rinceaux exécutés en jaspes sur fond noir et montées sur des socles en marbre blanc à moulures.

95 — Médaillon ovale en ivoire sculpté en bas-relief : jeux d'enfants.

96 — Petit groupe en bronze sur socle en marbre : enfant assis sur un cheval couché. Epoque Louis XV.

97 — Petit modèle de canon en bronze portant la date de 1713.

98 — Deux petits presse-papier Louis XVI en bronze doré et marbre blanc ; mouton couché sur un socle ovale.

99 — Petit bas-relief en bronze très-finement ciselé et doré au mat ; figure de nymphe debout portant une corbeille de fleurs, des ornements et des festons de fleurs en relief. Epoque Louis XVI.

100 — Joli bas-relief en bronze d'après Wouwermans : repos de chasse. Cette pièce, signée Henry, est remarquable par la finesse de son exécution.

101 — Groupe en ancienne porcelaine blanche de Saint-Cloud, composé de deux figures.

102 — Vase formé de deux carpes accolées en grès émaillé rouge haricot de la Chine.

103 — Vase forme balustre en porcelaine de Chine, décoré de chimères et de fleurs en rouge de cuivre et bleu.

104 — Grande cafetière en terre émaillée noir et garnie en argent ciselé. Époque Louis XVI.

105 — Deux poussahs accroupis en ancien blanc de Chine.

106 — Petit buste de Henri IV sur socle carré, en terre de Lorraine.

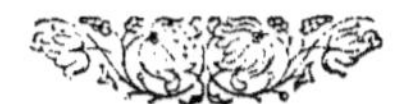